NICK BARNARD

ESCUELA DE VUELO

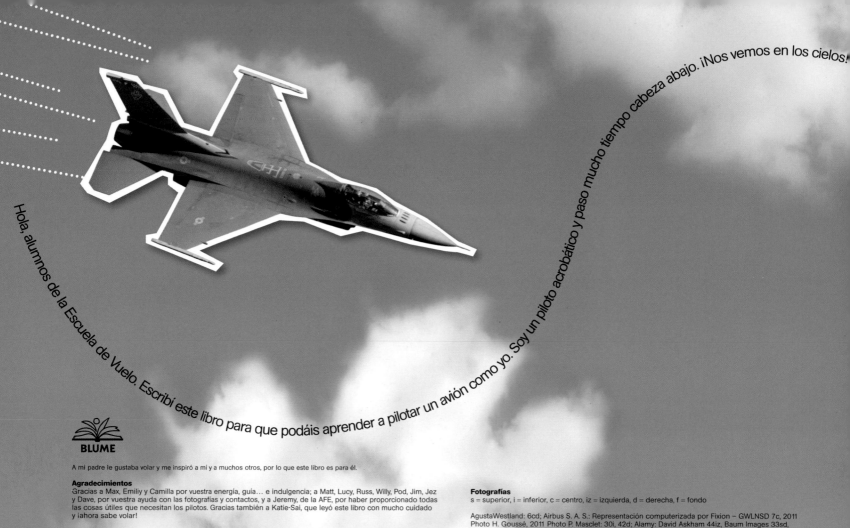

Hola, alumnos de la Escuela de Vuelo. Escribí este libro para que podáis aprender a pilotar un avión como yo. Soy un piloto acrobático y paso mucho tiempo cabeza abajo. ¡Nos vemos en los cielos!

BLUME

A mi padre le gustaba volar y me inspiró a mí y a muchos otros, por lo que este libro es para él.

Agradecimientos
Gracias a Max, Emiliy y Camilla por vuestra energía, guía… e indulgencia; a Matt, Lucy, Russ, Willy, Pod, Jim, Jez y Dave, por vuestra ayuda con las fotografías y contactos, y a Jeremy, de la AFE, por haber proporcionado todas las cosas útiles que necesitan los pilotos. Gracias también a Katie-Sai, que leyó este libro con mucho cuidado y ¡ahora sabe volar!

Cubierta
Portada: superior, Mikoyan MiG-29 (Mint Photography/Alamy); centro, Stearman Model 75 (Skyscan/Corbis); inferior, montañas (blickwinkel/Alamy). Contraportada: superior, Pitts Special (Woodbridge Aviation Images/Alamy); derecha, manga de viento (Angelika Stern/Stockphoto). Ilustraciones de Damien Weighill.

Título original: *Flight School*

Creado por picnic
Edición: Deborah Kaspert
Dirección artística: Belinda Webster
Diseño: Katharina Rocksien

Ilustraciones
Ilustraciones en blanco y negro de Damien Weighill
Ilustraciones en color de Katharina Rocksien

Traducción y documentación: Dr. Ing. Alfonso Rodríguez Arias

Coordinación de la edición en lengua española: Cristina Rodríguez Fischer

Primera edición en lengua española 2013

© 2013 Art Blume, S.L.
Av. Mare de Dèu de Lorda, 20
08034 Barcelona
Tel. 93 205 40 00 Fax 93 205 14 41
e-mail : info@blume.net
© 2012 Thames & Hudson Ltd. Londres

I.S.B.N.: 978-84-9801-683-3

Impreso en China

Fotografías
s = superior, i = inferior, c = centro, iz = izquierda, d = derecha, f = fondo

AgustaWestland: 6cd; Airbus S. A. S.: Representación computerizada por Fixion – GWLNSD 7c, 2011 Photo H. Goussé, 2011 Photo P. Masclet: 30i, 42d; Alamy: David Askham 44iz, Baum Images 33sd, blickwinkel 16–17i, 32–33i, 46–47i, cubierta anterior i, David R. Frazier Photolibrary, Inc. 43sd, Ernest Goodbody 34iz, Andrzej Gorzkowski 33siz, Thierry Grun-Aero 36iz, Hornbil Images 6s f, 8–9i, 10–11s f, 12–13s f, 14–15s f, 18–19s f, 20–21i, 22–23s f, 26–27i f, 28–29s f, imagebroker 4i, 11ciz, 20c, 31siz, Interfoto, 37siz, Riaan Janse van Rensburg 32sd, Dennis Mac Donald 18id, Don Mammoser 26s, Chris Mattison 38iz, Mint Photography 5cd, 11ic, cubierta anterior s, Anthony Nettle 14s, 27s, 35c, 41d, David Osborn 37c, Susan y Allan Parker 4siz, 8sd, 9id, 35d, Frank Paul 35siz, Charles Polidano/Touch The Skies 6i, Zerry Smith 2, 16ciz, Trinity Mirror/Mirrorpix 39, Colin Underhill 8ciz, 23id, David Wall 34c, Woodbridge Aviation Images 37d, 3, 16sd, cubierta posterior a; Corbis: 27ic, Bettmann 7iiz, 27iiz, 45 iiz, Michael Cole 37ciz, Daniel Hohlfeld/Sodapix 34d, Museum of Flight 36c, Skyscan 41ci, cubierta anterior c, Jim Sugar 32id, Josef P. Willems 14ci; Crown Copyright MOD 2011: Photo Sgt Pete Mobs: 40d; DG Flugzeugbau GMBH: 6s; Dreamstime.com: Carmentianya 41sc, Ivan Cholakov 42iz, 43iz, Corepics Vof 13cd, uimagecom 44c, Oleg Kozlov 40c, Kumikomurakamicampos 42c, Michael Miller 36d, Ken Pilon 25s, Trishz 28ciz, John Wollwerth 45id; Eurofighter: © Aeronautica e Difesa 30s; Getty Images: 27id AFP, 35iiz; istockphoto: dusko matic 4–5i, 6i f, 10–11i f, 14–15i f, 18–19i f, 22–23i f, 24–25i f, 28–29i f, Angelika Stern 5sd, cubierta posterior d; Nasa DFRG: 15c, Photo Tony Landis 45c, Photo Jim Ross 44d, Photo Carla Thomas 15s; Lucy Pope: 32iz; Saab: Photo Stefan Kalm 41iz; Shutterstock: valdezrl 30 f; Terrafugia: 45siz; US Air Force: Senior Airman Julius Delos Reyes 7s, Staff Sgt Benjamin Wilson 40iz, Virgin: Photo Max Greenberg 4sd, 11cd, 43id

ESCUELA DE VUELO

Nick Barnard

¡ESTÁS EN EL ASIENTO DEL PILOTO!

Cómo pilotar un avión paso a paso

BLUME

¿Estás listo para inscribirte en la Escuela de Vuelo?
¡Planifica tu calendario y prepárate para despegar!

An-2

¿Estás listo para pilotar el mayor biplano del mundo?

¿Disfrutas reconociendo los aviones comerciales y viendo acrobacias?

LY-AVI

ESCUELA DE VUELO

EN EL AIRE

Observa estos dos distintivos en la parte superior izquierda de cada página. Te dirán si estás estudiando en el aula de la escuela en tierra o aprendiendo en la práctica las habilidades del vuelo. Como un piloto profesional, lo aprenderás todo paso a paso.

¿Puedes oír el rugido de un reactor de caza?

APRENDER A VOLAR

Durante miles de años, volar por los cielos fue un sueño. Pero hoy en día, aquí, en la Escuela de Vuelo, ¡puedes convertirte en piloto! ¿Con qué avión te gustaría elevarte?

DG-1000

AW119 Koala

Diamond Star DA40

⭐ PLANEADOR
Algunos pilotos viven su primera experiencia en un planeador, un avión sin motor. Muchos pilotos expertos de planeador compiten por placer en carreras de larga distancia.

⭐ HELICÓPTERO
¿Has volado alguna vez en un helicóptero? Si es así, ya conoces la gran flexibilidad de este aparato. Puede despegar y aterrizar en espacios muy reducidos, moverse arriba y abajo, y mantenerse en el aire casi sin desplazarse.

⭐ AVIÓN DE ENTRENAMIENTO
Todos los pilotos de la Escuela de Vuelo empiezan el aprendizaje de los principios básicos en un avión de entrenamiento. La cabina es cómoda, con dos juegos de mandos. El instructor va sentado a tu lado y te guía en todas las circunstancias.

⭐ REACTOR DE CAZA

Para volar en los aviones de las fuerzas aéreas debes tener mucha experiencia y recibir un entrenamiento especial. Si eres uno de los mejores, posiblemente llegues a volar en un reactor de caza como este.

F-35 Lightning II

CATHAY PACIFIC

Asia's world city

SWIRE

¿Apto para volar?

Para pilotar un avión de pasajeros no necesitas tener una vista perfecta... puedes ser piloto incluso si necesitas gafas. Pero para volar en un reactor de combate sí es necesario tener una visión perfecta.

⭐ AVIÓN DE LÍNEA

Llevar a muchos pasajeros por todo el mundo, de día y de noche, en todas las condiciones atmosféricas, es una gran desafío. ¿Estás dispuesto para este trabajo?

Airbus A330-300

El piloto estadounidense Chuck Yeager es un héroe que combatió en la segunda guerra mundial. Después, en octubre de 1947, se convirtió en la primera persona en volar a una velocidad superior a la del sonido con el avión cohete X-1.

EQUIPO

BITÁCORA DE VUELO para anotar el destino y tus horas de vuelo.

GUÍA DE LAS REGLAS DE VUELO VISUAL (VFR) para localizar los aeródromos donde aterrizar.

LICENCIA DE PILOTO, que debe estar al día y firmada por el instructor.

CARTA AERONÁUTICA, al día, para la planificación de la ruta. Los pilotos deben llevarla en todas las ocasiones.

EN EL AIRE

PRIMER VUELO

¡Bienvenido a tu primer vuelo! Hasta que tengas la edad suficiente para tener la licencia de piloto, puedes volar acompañado por un instructor. Solo necesitas tener la estatura suficiente para llegar a los controles y ver el exterior, con o sin cojines.

PIPER CHEROKEE

G-BRBW

CESSNA 152

G-BWNB

¡COMPROBACIÓN!

EQUIPO
Usa ropa confortable, como camiseta, tejanos y zapatillas deportivas. La chaqueta de piloto vendrá más tarde.

SEGURIDAD
Los objetos sueltos pueden llegar a bloquear los mandos del avión, por lo que siempre deberás vaciar los bolsillos antes de empezar un vuelo.

CINTURONES DE SEGURIDAD
Asegúrate de saber bien cómo funcionan.

Sube a bordo
Estarás sentado en el asiento del comandante. Normalmente, es el de la izquierda. No debes preocuparte si te sientes algo confundido, ¡hay mucho que asimilar! Todos se sienten así al principio.

Espera a que el instructor se conecte y ponte los auriculares. Asegúrate de que te queden bien adaptados. Ajusta el micrófono de modo que el instructor te oiga bien. Cuando oigas la pregunta «¿Me recibes?», responde «Alto y claro».

INSTRUMENTOS BÁSICOS DE VUELO

Hay cuatro instrumentos definidos como instrumentos básicos de vuelo.
Informan sobre cuestiones muy importantes.

EL ARGOT

WILCO
En inglés, es el modo de decir al instructor «haré lo que digas».

1 Anemómetro (Indicador de la velocidad del aire)
¿Cuán rápido vamos?

2 Horizonte artificial (Indicador de actitud)
¿Cómo estás? ¿Subes, bajas, viras o estás nivelado?

3 Indicador de rumbo
¿Qué dirección señala la brújula?

4 Altímetro
¿A qué altura estás?

Cómo... ir al aire

1. Arranque

En primer lugar, mira por la ventanilla para asegurarte de que no hay nadie en tu camino; después grita «hélice libre». Arranca el motor. Escucha su rugido y el del giro de la hélice.

2. Rodaje

Guía el avión por la pista de rodaje hasta la de despegue. Para dirigirlo, acciona los pedales bajo tus pies en la dirección en que quieres girar. Para frenar, presiona la parte superior de los mismos.

3. Despegue

¿Listo? Ante ti hay una palanca de mando de gases. Empújala hacia delante. Comprueba los instrumentos del motor y el indicador de la velocidad del viento. Tira suavemente del volante de control. ¡Vuelas!

DATOS BASE

☞ En los días soleados asegúrate de llevar gafas de sol.

☞ Ten muy claro quién está al mando. Cuando el instructor te pase los mandos te dirá «tienes el control». Debes responder «tengo el control».

LA FUERZA DEL AIRE

¿Te has preguntado alguna vez cómo se mantiene un avión en el aire? Tiene que ver con la aerodinámica, la ciencia que estudia cómo se mueve el aire alrededor de un objeto, como el ala de un avión. Pero antes de profundizar más, veamos cuáles son las partes de un avión.

PARTES DE UN AVIÓN

motor o motores
Estos proporcionan el empuje o potencia. Están situados en el cuerpo del avión o en las alas.

fuselaje
El piloto y los pasajeros van en el cuerpo del avión, que se llama fuselaje.

alas y cola
Van fijadas al fuselaje.

¿Cómo vuela un avión?

¡Concentrémonos! Para que un aeroplano despegue, las alas lo deben empujar hacia arriba más de lo que el peso del aeroplano lo empuja hacia abajo. Así de sencillo. Cuando el aire se desliza sobre el perfil de un ala que forma un ángulo hacia arriba con el flujo de aire, sucede algo maravilloso. El aire se dirige hacia abajo y crea una fuerza en sentido contrario. El aeroplano se eleva.

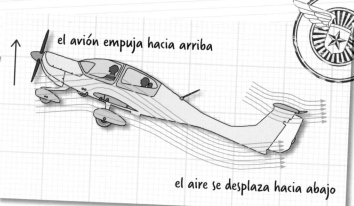

el avión empuja hacia arriba

el aire se desplaza hacia abajo

¿Qué es la resistencia aerodinámica?

La resistencia aerodinámica es la fuerza que se opone al avance del avión. Cuando este avanza, su superficie opone una resistencia, es decir, es empujado hacia atrás. Volando nivelado, es decir, sin subir ni bajar, la fuerza ascensional y el peso están equilibrados. El empuje compensa la resistencia.

empuje

resistencia

Cómo... ver la aerodinámica en acción

1. Necesitamos papel

Toma dos hojas de papel iguales. Con una de ellas haz una bola y conserva la otra lisa. Mantén una en cada mano a la misma altura y déjalas caer al mismo tiempo.

2. Y el ganador es...

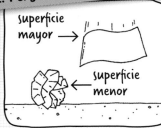

superficie mayor →

← superficie menor

La bola llega antes al suelo. El papel plano baila y flota al ir cayendo. Esto es así porque tiene una mayor superficie, lo que ocasiona una mayor resistencia aerodinámica.

3. Resistencia aerodinámica

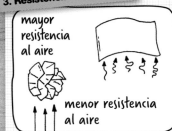

mayor resistencia al aire

menor resistencia al aire

La bola es más aerodinámica que la hoja plana. Por ello, cuando cae, encuentra menor resistencia y cae más rápido. Y los aviones son mucho más aerodinámicos que una bola...

4. Perfil aerodinámico

el aire fluye por los lados

Haz un avión de papel de forma esbelta y en punta. Cuando lo lanzas hacia delante, el aire fluye sobre las alas en una dirección y vuela bien. ¡Compruébalo!

LENTO Y VELOZ

¡Vamos a conocer algunos de los aviones más lentos, más rápidos y que vuelan a mayor altura!

⭐ **LENTO**
Posiblemente, el An-2 no vuela rápido, pero tiene sus aplicaciones. Es el avión ideal para el paracaidismo.

⭐ **ALTO**
Puedes hacer vuelos suborbitales con el SpaceShip Two.

SpaceShip Two

N339SS

An-2

⭐ **VELOZ**
Las fuerzas aéreas rusas utilizan este veloz avión de caza.

¿Sabías que...?
Al volar más alto, el aire se hace menos denso, más ligero. Así, las alas no crean tanta fuerza de sustentación. Para mantenerse a gran altura, el avión necesita mucho empuje. Solo los reactores y los cohetes son lo suficientemente potentes para volar muy alto.

Mig 29

11

VIRAR

Has despegado y estás volando en línea recta, pero ¿qué debes hacer para cambiar de dirección? Toma los mandos y aprende a virar tu avión en el aire.

CÓMO VIRAR CORRECTAMENT

1 Iniciar el viraje
Empieza moviendo el volante de control a la derecha. Esto hace que suba el alerón de la derecha y baje el de la izquierda, lo que aumenta la sustentación en un ala y la resistencia aerodinámica en la otra.

LOS MANDOS DE VUELO

Cuando quieras hacer un viraje debes mover los alerones de las alas. Al mismo tiempo, debes mover el timón.

alerones
Los alerones están en los bordes traseros de las alas. Mueve el volante de control que está delante de ti para controlarlos.

timón
El timón está colocado en la cola del avión y se mueve de un lado al otro. Lo puedes mover apretando los pedales a tus pies en la cabina.

Consejo antes de virar
Mira a tu alrededor fuera de la cabina antes de virar, con especial atención al lado hacia el que lo quieres hacer. ¡No quieres encontrar a nadie en tu camino! ¿Verdad?

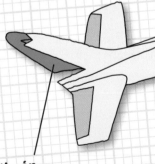

el ala izquierda se eleva

vuelo en un viraje suave

ala izquierda
tadavía elevada

2 Ladeo
Al mismo tiempo, empuja los pedales
con los pies para mantener el avión
equilibrado. Mira por la ventana y verás
que se eleva el ala izquierda del avión.
Te estás ladeando.

3 Mantente en la dirección de viraje
Cuando tengas un ángulo suficiente de
ladeo, aumenta algo la potencia y tira un
poco del volante de control para evitar
descender. Muévelo también hacia el centro.

4 Acaba el viraje
Ahora es el momento de acabar el viraje.
¡No quieres hacer un giro completo!
Regresa suavemente el volante de
control en sentido contrario al del viraje.
Las alas se nivelarán y estarás volando
recto de nuevo pero en otra dirección.
¡Bien hecho!

Tanto si viras lenta como rápidamente, hazlo
con suavidad. Los buenos pilotos piensan en sus
pasajeros en primer lugar. Vuelan con gran cuidado
de modo que nadie se asuste en los virajes.

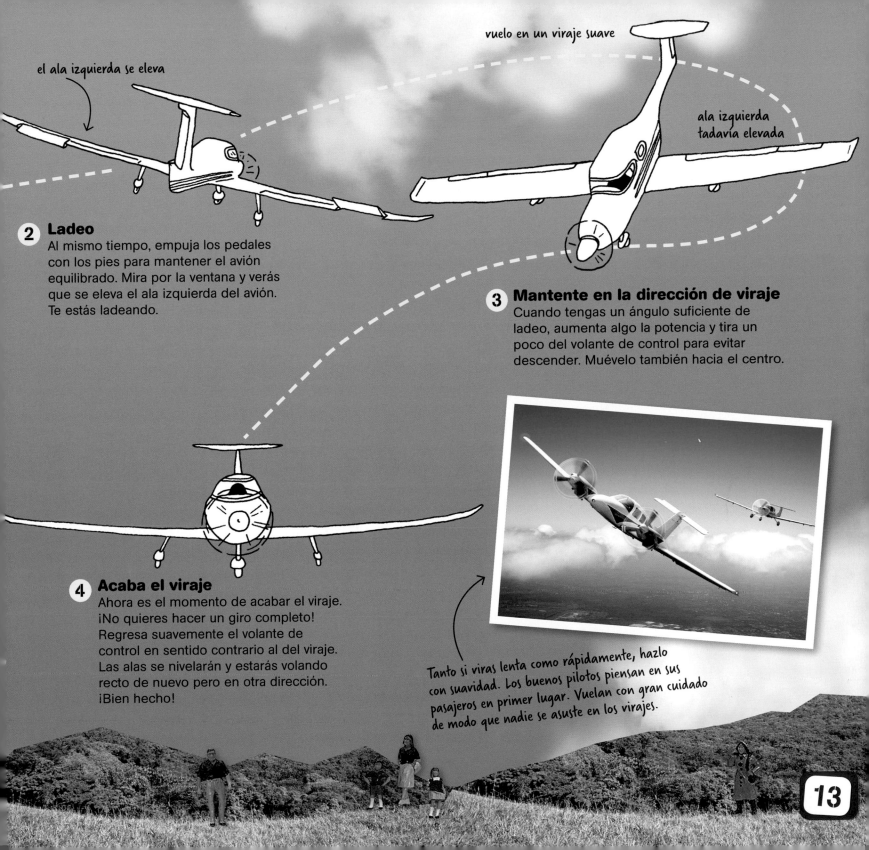

FUERZA MOTRIZ

La mayoría de los aviones tiene un motor que te eleva y te mantiene en el aire. El avión de tu Escuela de Vuelo tiene un motor de gasolina o diésel en el morro. Hay, además, muchos otros modos de propulsar un aeroplano.

⭐ MOTOR A REACCIÓN

Un motor a reacción es mucho más potente que uno de gasolina. Como mejor trabaja es en aviones veloces que vuelan alto, por lo que es perfecto para los grandes aviones de pasajeros y los militares.

Un gran avión de línea necesita mucha potencia para volar. Los aviones de pasajeros tienen dos o cuatro motores fijados en las alas. Los Jumbo Boeing 747 tienen cuatro motores.

Boeing 747-400

DATOS BASE

☞ El primer avión a reacción fue el Heinkel He178; su primer vuelo tuvo lugar en 1939. Su velocidad máxima era de 603 km/h.

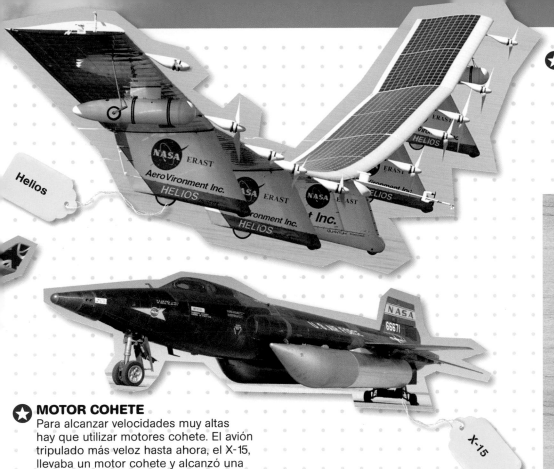

Helios

⭐ MOTOR ELÉCTRICO

En el pasado, los motores eléctricos y las baterías eran demasiado pesados para propulsar un avión. Sin embargo, en la actualidad, estos motores pueden operar con energía solar. El avión solar Helios ha volado más alto que cualquier otro avión sin cohetes.

Cómo... ver el empuje en acción

1. Infla un globo

Hazlo tú mismo. Toma un globo e ínflalo. Sostenlo verticalmente cerrando la boca con dos dedos para que no se escape el aire. Levántalo.

X-15

⭐ MOTOR COHETE

Para alcanzar velocidades muy altas hay que utilizar motores cohete. El avión tripulado más veloz hasta ahora, el X-15, llevaba un motor cohete y alcanzó una velocidad de 7.274 km/h, ¡unas seis veces la velocidad del sonido!

2. Suéltalo

Ahora, suelta el globo. Dará vueltas a lo loco hasta que quede vacío. El aire que sale del globo lo empuja hacia delante. ¡Esto es el empuje en acción!

¿Qué es el empuje?

Para que un avión avance necesita empuje. Un avión a motor avanza en el aire, ya que este es empujado en la dirección opuesta a la que sigue el avión. En los aviones ligeros esto ocurre cuando el motor hace girar la hélice. En los aviones cohete, el empuje lo proporcionan los gases que salen del motor.

el empuje hace avanzar al avión

el aire pasa velozmente

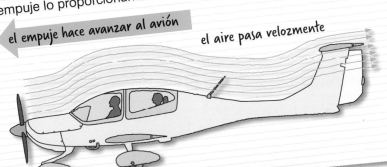

PICADO Y ASCENSO

Pitts Special

¿Preparado para tu primera maniobra?
¡Un picado con motor! Es muy emocionante.
Los potentes aviones a reacción con ruidosos
motores tienen mucho empuje y pueden
ascender casi en vertical rápidamente
tras el despegue. ¡Agárrate bien!

EL ARGOT

AFIRMATIVO
Este es el modo utilizado por los pilotos para decir «sí».

F-16

¡COMPROBACIÓN!
En el vuelo en picado hay muchas cosas en que pensar.

✔ Ten cuidado con otros aviones.

✔ Presta atención al alcanzar la altura adecuada y nivela el aparato.

✔ No sobrepases la velocidad de seguridad.

✔ Cuida tu motor.

Festival aéreo
Si quieres ver vuelos espectaculares visita un gran
festival aéreo. Reúnen hasta 100.000 espectadores.
Podrás ver aviones acrobáticos como el Pitts
Special y también los ruidosos reactores como
el F-16 y el Eurofighter. No te olvides la cámara
fotográfica ni los tapones para los oídos.

PICADO CON MOTOR

Presta mucha atención a tus instrumentos de vuelo para controlar el desarrollo del picado.

1. Anemómetro
Al volar a una velocidad muy alta, asegúrate de no sobrepasar la velocidad máxima del avión.

2. Horizonte artificial
Este te indicará que el morro del avión está por debajo del horizonte.

3. Altímetro
La aguja larga se moverá rápidamente indicando que tu altura disminuye muy deprisa.

4. Indicador de rumbo
Debe mantenerse en una posición fija, a menos que estés virando.

Cómo... cuidar del motor

1. Controla la temperatura

flujo de aire lento

Cuando asciendes muy verticalmente, tu velocidad es lenta, por lo que el flujo de aire que refrigera el motor es menor. Es posible que debas bajar algo el morro, lo que aumentará tu velocidad y, así, el flujo de aire para enfriar el motor.

2. Evita el enfriamiento rápido

flujo de aire rápido

Cuando planeas hacia abajo, tu motor trabaja poco, pero el flujo de aire es muy abundante. El motor podría enfriarse con excesiva rapidez y dañarse. Da un poco de gas de vez en cuando para mantenerlo caliente.

3. Con calma

mando de gases

¡Tu motor puede dañarse! Trátalo con cuidado y durará más. Haz uso del mando de gases progresiva y suavemente durante el vuelo. ¡No des gas ni lo quites de golpe, a no ser que se trate de una emergencia!

☞ En el picado con motor todo es muy ruidoso. El motor trabaja a toda potencia y, además, se oye el rugido del viento.

☞ En el picado, los mandos están duros y son difíciles de mover. Acostúmbrate a ellos y acciónalos con suavidad.

☞ Casi todos los aviones de entrenamiento ascienden unos 150 m/min. Un avión acrobático moderno puede hacerlo 4 veces más rápido.

17

TIEMPO PERFECTO

Como piloto, es realmente importante prestar atención a las condiciones climatológicas. No es necesario ser un experto, pero sí saber cómo pueden afectar al vuelo. Consulta siempre los pronósticos meteorológicos en tu ruta antes de partir.

CONTRA EL VIENTO

En un avión de entrenamiento como el tuyo, lo más fácil es despegar y aterrizar contra el viento. ¡Asegúrate de que llevas la dirección correcta!

☞ El viento de frente es el que sopla contra el morro de tu avión. Te hará volar más despacio y gastarás más combustible.

☞ El viento de cola sopla en la misma dirección en que te mueves. Te hará ir más rápido y acortará tu tiempo de vuelo.

☞ Un viento lateral fuerte puede empujar tu avión y desviarte del rumbo. Comprueba tu ruta con regularidad.

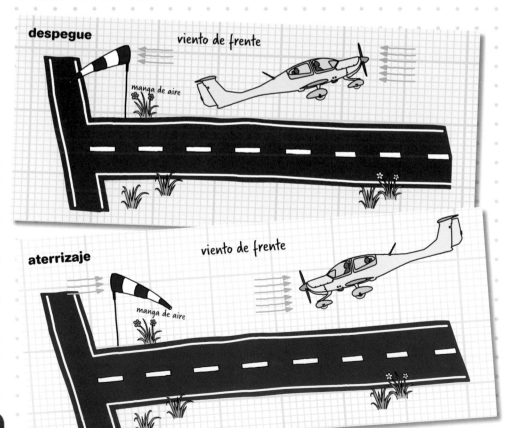

despegue — viento de frente — manga de aire

aterrizaje — viento de frente — manga de aire

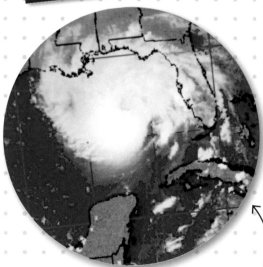

Consulta el pronóstico del tiempo en tu ordenador para saber qué encontrarás en el camino. Esta figura muestra que hay una gran tormenta, ¡por lo que hoy no habrá vuelos en esa zona!

INTERPRETA LAS NUBES

Todos los pilotos deben ser capaces de
reconocer los diferentes tipos de nubes y
el tipo de tiempo que estas pueden traer.
¿Puedes ver alguna de estas nubes en el cielo?

CIRROCÚMULOS

Largas bandas esponjosas. Suelen aparecer en
invierno e indican que se acerca una tormenta.

CIRROS

Delgados y tenues, a gran
altura. El tiempo puede
cambiar.

CIRROSTRATOS

Neblinosos y casi transparentes.
Podría haber lluvia en las siguientes 24 horas.

ESTRATOCÚMULOS

Filas de nubes redondeadas
y esponjosas. Normalmente
son señal de tiempo seco.

ESTRATOS

Son como un banco de niebla
en el cielo que frecuentemente
traen lloviznas y a veces nevadas.

⚠ **CÚMULONIMBOS**

Grandes masas nubosas
que suelen ser grises en
su parte baja. ¡Anuncian
la llegada de muy mal
tiempo!

Examen sobre el tiempo

P: Has estado volando tu avión biplaza
por nubes tipo cúmulo. Sopla un fuerte
viento y las nubes se van haciendo más
grandes. ¿Qué debes hacer?

R: Vuela decididamente fuera de las
nubes ascendentes, ya que habrá
muchas turbulencias y quizá rayos.
Posiblemente deberás aterrizar si las
nubes se juntan y generan una gran
tormenta.

CÚMULOS

Grandes masas algodonosas
redondeadas. Indican buen
tiempo aunque suelen durar
unas pocas horas.

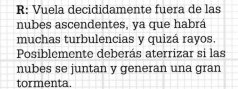

VUELO LENTO

A casi todos los pilotos les gusta volar velozmente, pero, si quieres conocer tu avión, practica el vuelo lento. ¡Ten cuidado! Al volar muy despacio puedes entrar en pérdida o perder la sustentación. ¿Estás preparado para salir de inmediato de esa situación?

¡COMPROBACIÓN!

Reconoce las siguientes señales de que estás entrando en pérdida.

✔ El avión empieza a temblar.

✔ El volante de control se sacude.

✔ El morro del avión se levanta pero no asciende.

✔ Sientes que baja la velocidad.

EL ARGOT

ROGER
Así es como los pilotos dicen «mensaje comprendido».

Stearman

Cómo salir de pérdida

¡Veamos! Estás en situación de pérdida sin potencia. ¡El morro está cayendo! Cuando el instructor diga «recupera ahora», empuja el volante de control hacia delante. Entrarás en picado. Sal del picado tirando del volante de control y acelera el motor. ¡Bien hecho!

¿Sabías que...?
Cuando tu avión entra en pérdida, ¡no quiere decir que el motor no funcione! Sin embargo, empezarás a caer. Todos los aviones tienen una velocidad de pérdida. Este biplano entra en pérdida si su velocidad es inferior a unos 80 km/h.

INSTRUMENTOS DE VUELO

Echa una ojeada a tus instrumentos de vuelo. ¿Puedes determinar lo que está ocurriendo? Busca la respuesta en el margen de la página.

Respuesta: ¡Cuidado! Estás cerca de entrar en pérdida.

1. Anemómetro
Vuelas a baja velocidad y todo está muy tranquilo en la cabina. Empiezas a notar un cierto temblor.

2. Horizonte artificial
El morro está muy por encima de la línea marrón del horizonte. ¡No es donde tú quieres!

3. Altímetro
El morro del avión está levantado, pero el altímetro dice que el avión no está subiendo.

4. Indicador de rumbo
No has perdido el control y sigues una línea recta, pero hay algo que no va bien.

Cómo... reducir la velocidad

1. Mira a tu alrededor

En primer lugar, mira adelante y a los lados para asegurarte de que tienes espacio libre. Cuando empieces a reducir la velocidad, el morro del avión subirá y no podrás ver lo que tienes delante.

2. Reduce la velocidad

Para reducir la velocidad, tira del mando de gases hacia atrás. Tira también un poco del volante de control para mantener la altitud. Notarás enseguida la reducción del ruido del motor y del aire.

3. Practica el viraje

Intenta un viraje suave. ¿Sientes que los mandos se mueven muy fácil? Hay que aumentar la velocidad. Aumenta la potencia y mueve el volante de control hacia delante para volver a la velocidad de crucero.

☞ Conocer la velocidad de pérdida de tu avión cuando vuelas despacio. Siempre debes volar por encima de ella.

☞ Practicar el vuelo lento a buena altura de modo que, si tienes algún problema, tengas espacio suficiente para resolverlo.

REGLAS DE VUELO

Los aviones cruzan los cielos día y noche. Para mantener la seguridad de los vuelos, los pilotos se rigen por una serie de reglas internacionales que se encuentran en el Reglamento del Aire. Hay además otros reglamentos para que puedas ser piloto. En España se puede obtener la licencia de piloto privado a los 17 años.

NO HAGAS

Nunca entres en un espacio aéreo restringido.

Nunca te quedes sin combustible. ¡No puedes parar!

NUNCA CRUCES EL RUMBO DE UN REACTOR DE PASAJEROS.

NUNCA VUELES DEMASIADO BAJO NI PIQUES HACIA LA GENTE.

Cómo... evitar a otros aviones

1. De frente

Cuando dos aviones se aproximan de frente uno al otro, ambos deben virar a su derecha. Este procedimiento debe seguirse tanto en vuelo como en tierra.

2. Adelantamiento

En el aire se adelanta por la derecha. Debes tener muy claro que el avión que va delante tiene derecho de paso, es decir, debes cedérselo si cambia de dirección interceptando tu rumbo.

3. Derecho de paso

Los aviones a motor deben ceder el paso a dirigibles, planeadores y globos. Los dirigibles, a los planeadores y a los globos, y los planeadores, a su vez, a los globos.

4. En la pista

Cuando se rueda por las pistas hay que ceder el paso a todos los aviones que son remolcados. También hay que cederlo a los que están despegando o aterrizando.

UTILIZACIÓN DE LAS CARTAS AERONÁUTICAS

Para volar debes disponer de una carta aeronáutica actualizada, o mapa de vuelo.
A primera vista parece complicado pero verás que está llena de informaciones importantes.

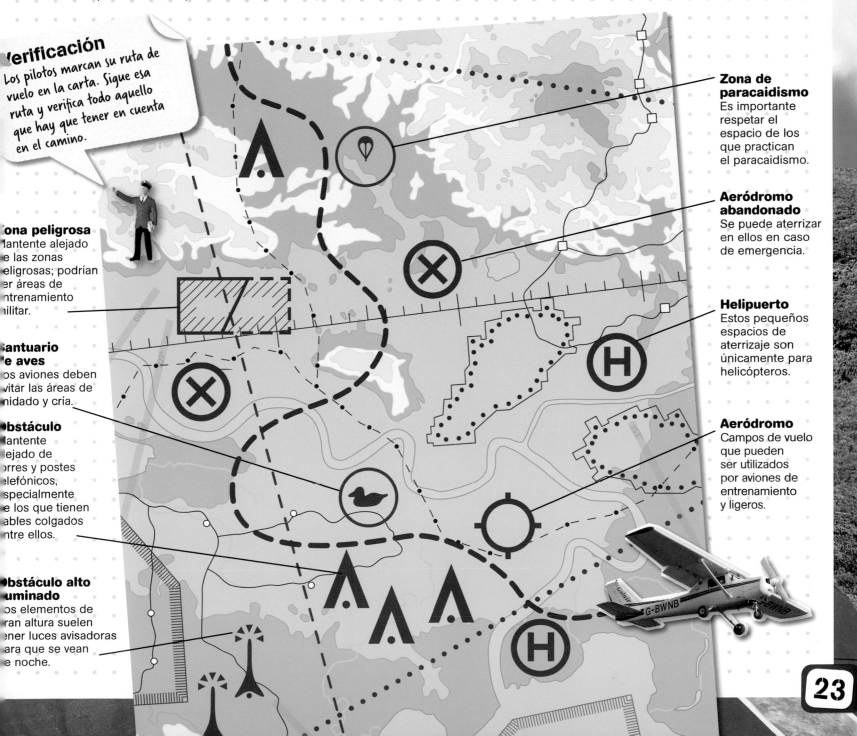

Verificación
Los pilotos marcan su ruta de vuelo en la carta. Sigue esa ruta y verifica todo aquello que hay que tener en cuenta en el camino.

Zona peligrosa
Mantente alejado de las zonas peligrosas; podrían ser áreas de entrenamiento militar.

Santuario de aves
Los aviones deben evitar las áreas de anidado y cría.

Obstáculo
Mantente alejado de torres y postes telefónicos, especialmente de los que tienen cables colgados entre ellos.

Obstáculo alto iluminado
Los elementos de gran altura suelen tener luces avisadoras para que se vean de noche.

Zona de paracaidismo
Es importante respetar el espacio de los que practican el paracaidismo.

Aeródromo abandonado
Se puede aterrizar en ellos en caso de emergencia.

Helipuerto
Estos pequeños espacios de aterrizaje son únicamente para helicópteros.

Aeródromo
Campos de vuelo que pueden ser utilizados por aviones de entrenamiento y ligeros.

ATERRIZAJE SEGURO

Por mucho que te guste volar, llega un momento en el que hay que aterrizar, y ello requiere habilidad y práctica. El objetivo es bajar a un ritmo constante hasta estar sobre la pista, en un vuelo cuidadoso y suave. Prepárate.

¡COMPROBACIÓN!

Efectúa los siguientes controles cuando te vayas aproximando a la pista:

- ✔ Suelta los frenos.
- ✔ Baja el tren de aterrizaje (ruedas).
- ✔ Enriquece la mezcla.
- ✔ Empuja hacia delante el mando de gases.
- ✔ Comprueba el combustible de los dos depósitos.
- ✔ Baja los alerones.

Sistema único

El espacio aéreo en torno a los aeropuertos está muy ocupado, por lo que los aviones siguen una ruta única tanto si parten como si llegan. Se llama circuito visual. Cuando practiques el despegue y el aterrizaje, compruébalo mientras vuelas alrededor del circuito.

CIRCUITO VISUAL

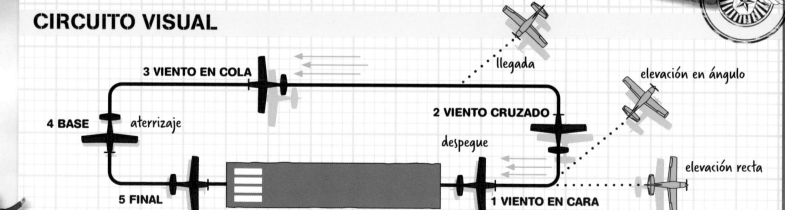

llegada

3 VIENTO EN COLA

elevación en ángulo

4 BASE   aterrizaje

2 VIENTO CRUZADO

despegue

elevación recta

5 FINAL

1 VIENTO EN CARA

1 VIENTO EN CARA
Despegue contra el viento. Sube a una velocidad segura.

2 VIENTO CRUZADO
Una vez en el aire, haz un viraje a la izquierda y vuela con el viento transversal.

3 VIENTO EN COLA
Vira con el viento en cola y vuela recto. El viento te empujará. Controla los instrumentos.

4 BASE
Vira a la izquierda cuando el final de la pista quede tras tus hombros. Empieza a bajar.

5 FINAL
Haz un viraje suave y alinéate para aterrizar. Comprueba que no haya otros aviones y aterriza. ¡Excelente!

Avisa por radio cuando estés listo para aterrizar. Una vez que hayas bajado las ruedas, di «Tren de aterrizaje abajo y bloqueado». Cuando el control de vuelo diga «Listo para aterrizar, pista 24L», puedes hacerlo.

☞ Los aviones que aterrizan siempre tienen preferencia frente a los que despegan. ¡Sobre todo si se trata de una emergencia!

Esto es un alerón.

Las ruedas forman parte del tren de aterrizaje.

Airbus

Cómo... tomar tierra

1. Despacio, por favor

La pista está a la vista. ¡Bien! Lo primero que hay que hacer es tirar del mando de gases (quitar gas) para reducir la potencia.

2. Bajar los alerones

Empieza a bajar los alerones. Esto contribuye a volar con seguridad a baja velocidad. Realízalo en dos o tres pasos.

3. Bajar las ruedas

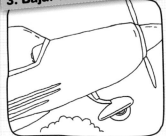

Baja el tren de aterrizaje y fíjalo. En la fase final del aterrizaje, vuelve a comprobarlo.

4. Aterrizaje

Cuando estés sobre la pista, tira del mando de gases hasta que el motor esté al ralentí. Levanta con cuidado el morro del avión y toma tierra. ¡Felicidades!

VUELO EN SOLITARIO

Si has demostrado a tu instructor que puedes volar con seguridad, lo siguiente es hacerlo solo, es decir, volar por tu cuenta. Es un momento que atemoriza, pero emocionante para todos los pilotos.

Piper Cub

NEGATIVO
¡Usa esta palabra en lugar de «no» para evitar confusiones!

EL ARGOT

¡COMPROBACIÓN!

Antes de poder volar solo, debes haber hecho lo siguiente.

✔ Aprender y practicar con tu instructor.

✔ Demostrar que puedes volar, despegar y aterrizar.

✔ Pasar un examen médico.

✔ Tener 16 años.

Consíguelo solo

Estarás en tu avión de entrenamiento y deberás sentirte cómodo con todos los controles. ¡Aunque estés nervioso, intenta relajarte! Despega, da una vuelta alrededor del aeródromo y aterriza.

Con el tiempo, cuando adquieras más confianza, podrás volar distancias más largas y a lugares más alejados en tu tipo de avión favorito.

Pilatus PC-21

DATOS BASE

☞ ¡En algunos países existe la tradición de echarle un cubo de agua por la cabeza a la persona que ha realizado su primer vuelo!

HÉROES DEL VUELO EN SOLITARIO

En la historia de la aviación ha habido muchos pilotos audaces. Échale una ojeada a estos pilotos famosos y a sus increíbles logros.

CHARLES LINDBERGH
Fue el primer piloto en cruzar el océano Atlántico en solitario, de Nueva York, Estados Unidos, a París, Francia, en 1927. ¡Lindbergh permaneció despierto durante las 33 horas de vuelo comiendo bocadillos y dándose bofetadas!

AMELIA EARHART
Fue la primera mujer en cruzar el océano Atlántico en solitario, en 1932. Amelia Earhart intentó después cruzar el océano Pacífico en 1937, pero desapareció sin dejar rastro.

STEVE FOSSETT
Fue la primera persona en hacer el vuelo sin escalas alrededor del mundo sin repostar, en 2005. Empleó 67 horas y 2 minutos para realizarlo en su reactor Virgin Atlantic GlobalFlyer.

VUELO CON UN DESTINO

Cuando vuelas de un lugar a otro, tienes mucho que hacer. Estás pilotando el avión, hablando por radio y siguiendo el rumbo al mismo tiempo. ¡Es verdaderamente importante planificar la ruta antes de la partida para no perderte!

Cómo... mantener el rumbo

1. Piensa en grande

Cuando despegues, piensa en todo como un conjunto. Mira por la ventana. Verifica que vas en la dirección correcta.

2. Sé cuidadoso

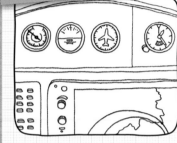

Vuela con cuidado desde el principio del viaje. Comprueba los instrumentos y asegúrate de estar volando a la altura y velocidad correctas.

Una vez en el cielo, tómate un tiempo para disfrutar de las maravillosas vistas desde la cabina. Si alguna vez te pierdes, recuerda que los aviones pequeños no vuelan muy veloces, por lo que, normalmente, tendrás tiempo para corregir tu ruta.

MAYDAY
Di esta palabra tres veces seguidas si tienes problemas. Esto hará que te oigan los demás pilotos y los controladores, y recibas ayuda.

EL ARGOT

☞ Aunque pilotar y hablar por radio al mismo tiempo pueda parecer complicado, ¡siempre debes pensar antes de hablar!

☞ Haz una pausa y escucha con cuidado antes de contestar. Si no, podrías bloquear otro mensaje entrante.

☞ Prepárate para tomar notas. Es posible que el equipo de tierra te pida que repitas sus instrucciones.

PLANIFICA TU RUTA

Cuando vas en bicicleta, sigues una calle o un sendero, pero en el cielo no hay señales que te puedan ayudar y, normalmente, vuelas en línea recta. Tampoco puedes parar y preguntar la dirección. Asegúrate pues de que planificas tu viaje con sumo cuidado. Estas son las herramientas que necesitarás.

ORDENADOR DE VUELO
Con el ordenador de vuelo puedes calcular el tiempo de vuelo y la cantidad de combustible que necesitarás.

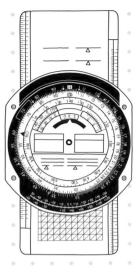

CARTA
Traza una línea recta entre el aeródromo desde el que vas a despegar a aquel en el que vas a aterrizar. Asegúrate de que no haya zonas que no puedas sobrevolar.

despegue

BITÁCORA DE VUELO

PILOTO		AVIÓN		FECHA
DE		A		DISTANCIA
COMBUSTIBLE				
DE/A				

PARTIDA   DESPEGUE   ATERRIZAJE
PARADA
OBSERVACIONES
INFORMACIÓN DE RADIO
FRECUENCIA DE LA ESTACIÓN

aterrizaje

BITÁCORA DE VUELO
Rellena tu bitácora de vuelo con todos los detalles antes de partir. Incluye el punto de partida, el de destino, la distancia y el tiempo de vuelo.

ROTULADORES
Marca la ruta en la carta con rotuladores permanentes para que no se pueda borrar.

CRONÓMETRO
Por en marcha el cronómetro al despegar y comprueba durante el vuelo que llegas a tiempo a todos los puntos de referencia.

REGLA PARA CARTAS DE VUELO
Mide la distancia que vas a volar con la regla y la carta aeronáutica.

MILLAS NÁUTICAS 1:500000
MILLAS ESTATUTARIAS 1:500000
KILÓMETROS 1:500000
AS-5

TRANSPORTADOR CUADRADO
Calcula el rumbo que deberá marcar la brújula con el transportador cuadrado.

VUELO SIN VISIBILIDAD

Si eres piloto militar o comandante de un Jumbo, tendrás que volar de noche y con mal tiempo. ¡Muchas veces no podrás ver nada del exterior del avión! Esta es una lección de cómo volar utilizando únicamente los instrumentos de la cabina y las luces de la pista.

Eurofighter

Aterrizaje en una tormenta

¡Adelante! Estás en medio de una tormenta eléctrica, pero tienes permiso para aterrizar. Concéntrate en el cuadro de instrumentos mientras bajas a través de las negras nubes hasta que veas las luces de la pista de aterrizaje.

KOREAN AIR

HL7611

A380

¡COMPROBACIÓN!

A continuación encontrarás algunas reglas para volar en la oscuridad, entre nubes, nieve, lluvia, granizo y niebla.

✓ Planifica tu ruta cuidadosamente.

✓ Confía en tus instrumentos aunque parezca aterrador.

✓ Vuela siempre con precisión y suavidad.

✓ Haz solo pequeños movimientos con los controles. ¡Sin pánico!

Escucha con atención la ayuda por radio. Al oír «Speedster 21, listo para aterrizar en la pista 24, cuidado con las turbulencias extremas», ¡puedes seguir, pero tendrás un recorrido muy movido!

Esto parece la cabina de un avión real, pero es, en realidad, un simulador de vuelo de un Airbus. En él, los pilotos pueden experimentar el vuelo en condiciones extremas. Se pueden conseguir programas de simuladores de vuelo para ordenador. ¡Prueba uno!

ESCANEO DE LOS INSTRUMENTOS

Cuando vuelas por instrumentos debes ir controlando uno tras otro cada dos segundos. Es lo que se llama escaneo de los instrumentos. Debes empezar siempre por el horizonte artificial, ya que es el instrumento más importante. ¡Practica ahora el escaneo!

anemómetro

horizonte artificial

altímetro

coordinador de viraje

indicador de rumbo

indicador de velocidad vertical

SIGUE LAS LUCES

La mayor parte de los aeropuertos tiene luces de pista que pueden cambiar de color al acercarte a ellas y te ayudan en el descenso.

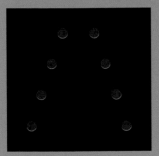

TODAS ROJAS
Llegas demasiado bajo. ¡Asciende inmediatamente!

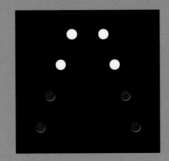

ROJAS Y BLANCAS
Correcto. Puedes aterrizar con seguridad.

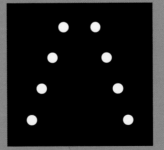

TODAS BLANCAS
Vuelas demasiado alto. Reduce la altura para aterrizar con seguridad.

Autoexamen

P: La pista está a la vista y puedes ver las luces. Son blancas y rojas. ¿Te estás aproximando a la altura adecuada?

R: Sí, debes estarlo. Las luces rojas y blancas indican que estás en la senda correcta para el aterrizaje.

VUELO ACROBÁTICO

Para algunos, las maniobras acrobáticas son lo máximo. Descubre lo que podéis llegar a hacer, tú y tu avión. Si entrenas lo suficiente puedes llegar a participar en competiciones o emocionar a las multitudes en un festival aéreo. ¡Súbete al avión y a rodar!

Tiger Moth

Sukhoi 29

⭐ BIPLANOS ANTIGUOS

La realización de maniobras y piruetas se llama vuelo acrobático. Los pilotos militares fueron los primeros en desarrollar sus habilidades acrobáticas de esquivar, picar y ascender rápidamente para ganar ventaja táctica en los combates aéreos. Todavía hoy se pueden ver actuaciones de biplanos como este.

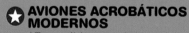

⭐ AVIONES ACROBÁTICOS MODERNOS

¿Es posible que el que te guste sea un avión acrobático moderno como el Sukhoi 29? Este avión es extraordinariamente potente y puede caer y virar a toda velocidad.

Volar cabeza abajo mucho tiempo es verdaderamente incómodo. Asegúrate de llevar bien ajustado el cinturón de seguridad o te golpearás la cabeza contra el techo de la cabina.

COMPETICIONES AÉREAS

El vuelo acrobático es un deporte con campeonatos a nivel mundial, y hay competiciones tanto para principiantes como para expertos. Para ganar hay que realizar las maniobras con precisión y seguridad en un espacio pequeño. ¡Adelante!

EN FORMACIÓN

Nada es comparable a volar en grupo en una exhibición aérea. Las multitudes te vitorearán cuando asciendas rápidamente realizando diversas maniobras, llamadas formaciones, con los otros aviones.

Canadian Snowbirds

Extra 330SC

Cómo... ejecutar el rizo

1. Picado con motor

Ya has hecho todas las comprobaciones y estás preparado. Haz un picado a la velocidad máxima permitida para tu avión. Observa cómo el suelo se acerca rápidamente.

2. Hacia arriba

Tira ahora del volante de control y asciende rápido, casi en vertcal. Continúa tirando firme y constante. Sentirás como si estuvieras en una montaña rusa.

3. Cabeza abajo

Cuando estés cabeza abajo disfruta de la sensación de estar flotando y ver el suelo. Empuja menos el volante de control con el fin de que el rizo salga redondo.

4. Nivelar

Bien; ya estás de nuevo cabeza arriba. ¿Sientes la fuerza que te presiona contra tu asiento? Tira de nuevo del volante de control y nivela. ¡Magnífico!

33

BIPLANOS FAMOSOS

Hasta 1939, al inicio de la segunda guerra mundial, la mayoría de los aviones eran biplanos. Tenían dos alas principales, eran muy bellos y ligeros. ¡Pero eran lentos!

ENVERGADURA MÁXIMA

BOEING STEARMAN

País: Estados Unidos
Envergadura: 9,8 m
Velocidad máxima: 217 km/h
Autonomía*: hasta 800 km
Unidades: más de 9.700
Primer vuelo: 1934

⭐ El Stearman era un avión muy robusto utilizado para el entrenamiento de los pilotos de las fuerzas aéreas de Estados Unidos en las décadas de 1930 y 1940. Todavía vuela en exhibiciones. ¡Es muy ruidoso!

SOPWITH CAMEL

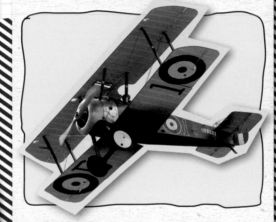

País: Reino Unido
Envergadura: 8,5 m
Velocidad máxima: 185 km/h
Autonomía: hasta 480 km
Unidades: más de 5.400
Primer vuelo: 1916

⭐ Este fue el avión del Reino Unido que tuvo más éxito durante la primera guerra mundial. Su fácil manejo y sus dos ametralladoras hicieron de él una máquina mortal.

An-2

Países: Rusia, Polonia, China
Envergadura: 18,2 m (ala superior)
Velocidad máxima: 257 km/h
Autonomía: hasta 845 km
Unidades más de 18.000
Primer vuelo: 1947

⭐ Grande, robusto y potente, el An-2 es perfecto para los saltos en paracaídas, el transporte de mercancías y la fumigación. Puede aterrizar en las pistas más difíciles.

* La autonomía es la distancia máxima que puede volar un avión sin parar para repostar combustible.

CURTISS JENNY

País: Estados Unidos

Envergadura: 13,3 m

Velocidad máxima: 121 km/h

Autonomía: hasta 480 km

Unidades: más de 6.800

Primer vuelo: 1914

⭐ El Curtiss Jenny se construyó como avión de entrenamiento en la primera guerra mundial, pero se hizo más famoso después de la guerra como avión acrobático que asombró a las multitudes.

TRIPLANO FOKKER

País: Alemania

Envergadura: 7,2 m

Velocidad máxima: 185 km/h

Autonomía: hasta 322 km

Unidades: 320

Primer vuelo: 1917

⭐ En este extraordinario avión acrobático voló el piloto de combate alemán más famoso de todos los tiempos, el barón Manfred von Richthofen. Fue conocido como el Barón Rojo.

BUCKER JUNGMANN

Países: Alemania y otros

Envergadura: 7,4 m

Velocidad máxima: 185 km/h

Autonomía: hasta 600 km

Unidades: más de 4.750

Primer vuelo: 1934

⭐ Durante la segunda guerra mundial, el Bucker Jungmann fue utilizado para entrenar a los pilotos alemanes. Tiene una manejabilidad tan fantástica que todavía se construye en la actualidad.

Normalmente los biplanos tenían una cabina abierta sin calefacción, por lo que volar en ellos era casi siempre frío y ventoso. Para protegerse, los pilotos utilizaban anteojos y un casco ajustado. Para mantenerse calientes usaban un chal de seda y una chaqueta de vuelo de cuero.

Durante la segunda guerra mundial los proyectistas de aviones procuraron hacerlos más veloces, de mayor alcance y con más armamento. Estos son algunos de los cazas de hélice más potentes jamás construidos.

MESSERSCHMITT Bf109

País: Alemania
Envergadura: 9,9 m
Velocidad máxima: 640 km/h
Autonomía: más de 800 km
Unidades: unas 34.000
Primer vuelo: 1935

⭐ De este pequeño y veloz aparato se construyeron más unidades que de cualquier otro caza en todo el mundo. Derribaron más de 15.000 enemigos durante la segunda guerra mundial.

MITSUBISHI A6M ZERO

País: Japón
Envergadura: 12 m
Velocidad máxima: 533 km/h
Autonomía: más de 2.800 km
Unidades: 10.939
Primer vuelo: 1939

⭐ El Mitsubishi A6M Zero era muy ligero, por lo que podía virar mejor que cualquier otro caza. Iba fuertemente armado y podía recorrer grandes distancias, pero no era ni robusto ni rápido.

P-38 LIGHTNING

País: Estados Unidos
Envergadura: 15,8 m
Velocidad máxima: 713 km/h
Autonomía: hasta 2.090 km
Unidades: 10.037
Primer vuelo: 1939

⭐ El P-38 Lightning tenía un aspecto muy particular. Los japoneses decían de él «dos aviones, un piloto», y fue diseñado para volar a gran altura.

EL MÁS POTENTE

Los pilotos de la segunda guerra mundial utilizaban una máscara de oxígeno cuando volaban a gran altura en aire poco denso. También llevaban radio, chaleco salvavidas y paracaídas para un caso de emergencia.

YAKOVLEV YAK 3

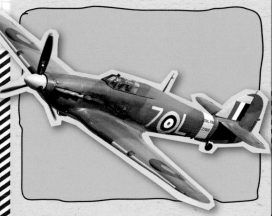

País: Rusia
Envergadura: 9,2 m
Velocidad máxima: 655 km/h
Autonomía: hasta 652 km
Unidades: 4.848
Primer vuelo: 1941

⭐ Este avión, muy estimado por los pilotos, era pequeño y ligero, pero también robusto y muy potente. ¡Muchos opinaban que incluso era un mejor caza que el Mustang o el Spitfire!

51 MUSTANG

País: Estados Unidos
Envergadura: 11,3 m
Velocidad máxima: 703 km/h
Autonomía: hasta 2.655 km
Unidades: 16.766
Primer vuelo: 1940

⭐ El Mustang era un caza tan increíble que todavía volaba para algunas fuerzas aéreas en la década de 1980. Era famoso como escolta de otros bombarderos en misiones a gran distancia.

HURRICANE

País: Reino Unido
Envergadura: 12,2 m
Velocidad máxima: 547 km/h
Autonomía: hasta 966 km
Unidades: 14.533
Primer vuelo: 1935

⭐ Este robusto caza británico derribó más aviones que los famosos Spitfire durante la batalla de Inglaterra. Más tarde, durante la guerra fue utilizado como cazabombardero.

¿SABÍAS QUE...?
Hay muchos cazas de la segunda guerra mundial que vuelan todavía hoy. Búscalos en los festivales aéreos durante los meses de verano.

VUELO EN UN SPITFIRE

¡El sonido de este Spitfire de la segunda guerra mundial es impresionante y vuela como en sueños! Imagínate que subes a la cabina y vuelas con uno.

SUPERMARINE SPITFIRE

País: Reino Unido
Envergadura: 11,2 m
Velocidad máxima: 679 km/h
Autonomía: hasta 756 km
Unidades: 20.351
Primer vuelo: 1936

⭐ El Spitfire fue construido para conseguir velocidad, virajes cerrados y para operar a distancias cortas. Llevaba un motor Rolls Royce Merlin y se convirtió en una leyenda.

alerones
Mueve esta palanca para bajar los alerones cuando vueles lentamente o te prepares para aterrizar.

ruedas
Esta señal luminosa te indica si las ruedas están arriba o abajo. No te olvides de subirlas después del despegue.

mando de gases
Esta palanca recibe el nombre de mando de gases. Empújalo hacia delante para obtener más potencia. ¡Prepárate para el ruido!

volante de control
Empuja el volante de control y siente cuán fácilmente vuela este avión. Fíjate en el botón marrón para disparar las armas.

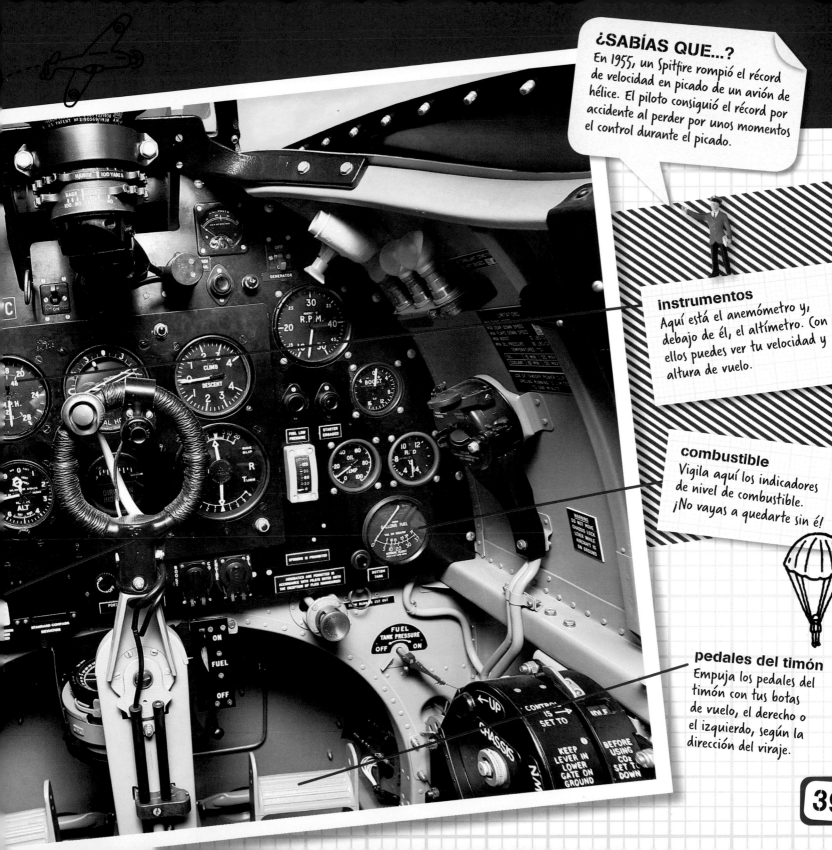

¿SABÍAS QUE...?
En 1955, un Spitfire rompió el récord de velocidad en picado de un avión de hélice. El piloto consiguió el récord por accidente al perder por unos momentos el control durante el picado.

instrumentos
Aquí está el anemómetro y, debajo de él, el altímetro. Con ellos puedes ver tu velocidad y altura de vuelo.

combustible
Vigila aquí los indicadores de nivel de combustible. ¡No vayas a quedarte sin él!

pedales del timón
Empuja los pedales del timón con tus botas de vuelo, el derecho o el izquierdo, según la dirección del viraje.

Los modernos cazas a reacción son muy veloces y potentes. Puedes verlos en los festivales aéreos. Tápate los oídos y siente el temblor del suelo cuando ascienden rápidamente.

F-16 FIGHTING FALCON

País: Estados Unidos

Envergadura: 9,9 m

Velocidad máxima: Mach 2+**

Autonomía: más de 800 km

Unidades: más de 4.500

Primer vuelo: 1974

⭐ El diseño de este avión tiene ya más de 35 años, pero todavía lo utilizan las fuerzas aéreas de más de 25 países en todo el mundo. Los pilotos lo llaman «The Viper» («La víbora»).

SUKHOI 27

País: Rusia

Envergadura: 14,7 m

Velocidad máxima: Mach 2+

Autonomía: hasta 1.287 km

Unidades: unas 700

Primer vuelo: 1977

⭐ El Sukhoi 27 fue uno de los primeros cazas supersónicos de gran manejabilidad. ¡Pueden darse la vuelta, hacer virajes rápidos y volar tan lentos como un biplano!

EUROFIGHTER

Países: Alemania, España, Italia, R.U.**

Envergadura: 10,9 m

Velocidad máxima: Mach 2

Autonomía: hasta 1.127 km

Unidades: unas 275

Primer vuelo: 1994

⭐ Este caza fue diseñado para usos múltiples. Puede abatir aviones, descargar bombas y disparar misiles aire-tierra en una sola misión.

* El número Mach te dice la velocidad de un avión comparada con la del sonido.
  Si vuela a Mach 2+ quiere decir que va a una velocidad superior a dos veces la del sonido.
** R.U. = Reino Unido

JAS 39 GRIPEN

País: Suecia
Envergadura: 8,4 m
Velocidad máxima: Mach 2
Autonomía: más de 800 km
Unidades: más de 250
Primer vuelo: 1988

⭐ Es un caza robusto y ligero que puede despegar y aterrizar en pistas cortas e incluso en carreteras normales. Esto lo hace realmente útil en conflictos bélicos.

CHENGDU J-10

País: China
Envergadura: 9,7 m
Velocidad máxima: Mach 2+
Autonomía: hasta 1.086 km
Unidades: más de 190
Primer vuelo: 1998

⭐ El Chengdu J-10 fue desarrollado en secreto. Tiene dos pequeñas alas extra delante de las principales para hacerlo más efectivo en las maniobras aéreas.

MÁS VELOZ

F-22 RAPTOR

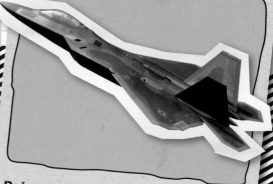

País: Estados Unidos
Envergadura: 13,5 m
Velocidad máxima: Mach 2+
Autonomía: hasta 800 km
Unidades: más de 165
Primer vuelo: 1997

⭐ Muchos opinan que el F-22 Raptor es el mejor reactor de caza. Es un «avión furtivo», lo que significa que es muy difícil de detectar por el radar enemigo.

Los pilotos de los reactores de caza utilizan un traje especial antigravedad y una máscara de oxígeno para evitar desvanecimientos en los virajes bruscos y al volar a altas velocidades.

AVIONES DE LÍNEA

Los aviones de línea modernos, grandes y veloces, cruzan todos los cielos del mundo transportando pasajeros y mercancías. La próxima vez que estés en un aeropuerto intenta identificar los diversos tipos.

BOEING 737

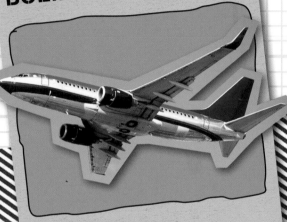

País: Estados Unidos
Envergadura: hasta 35,8 m
Velocidad máxima: 875 km/h
Autonomía: hasta 10.203 km
Número de pasajeros: 215
Primer vuelo: 1967

⭐ El Boeing 737 es un avión de medio alcance. Ha tenido tanto éxito que en este momento vuelan más de 1.000 de estos aviones y uno de ellos aterriza y despega cada tres segundos.

BOEING 747

País: Estados Unidos
Envergadura: hasta 68,5 m
Velocidad máxima: 988 km/h
Autonomía: hasta 14.816 km
Número de pasajeros: 524
Primer vuelo: 1969

⭐ Este avión es más conocido como Jumbo. Se utiliza para el transporte tanto de pasajeros como de mercancías. En este último caso, todo el morro del avión se abre para la carga y descarga.

AIRBUS A320

Países: Francia, Alemania, China
Envergadura: 34,1 m
Velocidad máxima: 864 km/h
Autonomía: hasta 12.070 km
Número de pasajeros: 220
Primer vuelo: 1987

⭐ El Airbus 320 fue el primer avión de línea con un ordenador que controla electrónicamente algunas de las operaciones de vuelo. Es lo que se conoce como «flying by wire».

ATR72

En muchas de las fuerzas aéreas del mundo hay mujeres piloto. También pilotan Jumbos. En tu próximo vuelo, comprueba quién está a los mandos.

País: Francia
Envergadura: 27 m
Velocidad máxima: 525 km/h
Autonomía: hasta 1.324 km
Número de pasajeros: 74
Primer vuelo: 1988

⭐ El ATR 72 es un pequeño avión de línea propulsado por motores turbohélice. Este tipo de motor es ideal para vuelos cortos en los que la velocidad no es lo más importante.

¿SABÍAS QUE...?
Mucha gente cree que el avión de línea más veloz fue el Concorde. En realidad, lo fue un avión ruso parecido, el Tu-144, conocido como el Concordski. ¡Volaba a 2.499 km/h!

MÁS GRANDE

AIRBUS A380

País: Francia
Envergadura: 79,7 m
Velocidad máxima: 1.020 km/h
Autonomía: hasta 15.289 km
Número de pasajeros: 853
Primer vuelo: 2005

⭐ Este avión se conoce como Superjumbo. Es tan grande que lleva una cámara en la cola para ayudar al piloto a desplazarse por las pistas.

VIRGIN GALACTIC SPACESHIP TWO

País: Estados Unidos
Envergadura: 8,2 m
Velocidad máxima: 4.1 84 km/h
Autonomía: vuelo suborbital
Número de pasajeros: 6
Primer vuelo: 2010 (prueba)

⭐ ¡Esta es la primera nave espacial para pasajeros! Se lanza desde gran altura desde un avión nodriza y un motor cohete la eleva al espacio.

Las aeronaves se han construido de muy diversas maneras: pequeñas o ligeras; grandes, rápidas o baratas, y las hay que han sido un poco locas.

FLYING FLEA

Países: Francia y otros países
Envergadura: 6,1 m
Velocidad máxima: 138 km/h
Autonomía: hasta 446 km
Unidades: dato desconocido
Primer vuelo: 1933

⭐ Si te quieres construir tu propio avión, este es el adecuado. Es sencillo y funciona. Si sabes conducir un automóvil, puedes pilotar un Flying Flea.

DIRIGIBLE

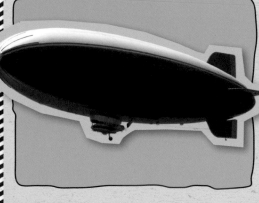

Países: Alemania, China, EE. UU.*, R. U.**
Longitud: hasta 75 m
Velocidad máxima: 125 km/h
Autonomía: ¡puede volar durante días!
Unidades: pocas
Primer vuelo: 1911

⭐ Los dirigibles están llenos de helio, un gas más ligero que el aire, para mantenerlos flotando en el aire. Este es un dirigible sin estructura metálica interna.

SR-71 BLACKBIRD

País: Estados Unidos
Envergadura: 16,9 m
Velocidad máxima: Mach 3+
Autonomía: hasta 5.400 km
Unidades: 32
Primer vuelo: 1964

⭐ Algunos expertos opinan que el SR-71 Blackbird fue el mejor avión espía de todos los tiempos. Volaba a gran altura y muy rápido, y era perfecto para tomar fotografías secretas.

* EE.UU. = Estados Unidos
** R.U. = Reino Unido

COCHE VOLADOR

¿SABÍAS QUE...?
Pilotar cualquier tipo de avión puede ser muy divertido si sabes cómo, pero, para ser un piloto experto, hay que entrenar, entrenar y entrenar.

País: todo el mundo
Envergadura: diversa
Velocidad máxima: hasta 322 km/h
Autonomía: hasta 787 km
Unidades: dato desconocido
Primer vuelo: 1937

⭐ Durante muchos años se ha intentado construir coches voladores iy algunos han llegado a volar! El de la fotografía, el Terrafugia Transition, es el último que está en desarrollo.

SUPER GUPPY

País: Estados Unidos
Envergadura: 47,6 m
Velocidad máxima: 467 km/h
Autonomía: hasta 3.219 km
Unidades: 5
Primer vuelo: 1965

⭐ ¿Cómo realizar el transporte aéreo de grandes partes de una estación espacial o de un cohete? ¡Con el Super Guppy! Estos aviones se construyeron para transportar cargas de gran volumen.

BOMBARDERO B-2

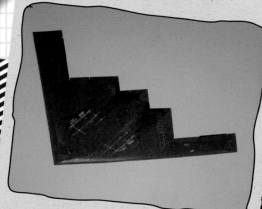

País: Estados Unidos
Envergadura: 52,4 m
Velocidad máxima: Mach 0,95
Autonomía: hasta 11.100 km
Unidades construidas: 21
Primer vuelo: 1989

⭐ ¿Es un OVNI? No, el B-2 es un bombardero secreto que es casi invisible en las pantallas de radar. También es uno de los aviones más caros jamás construido.

Este piloto es Lincoln J. Beachy. Fue conocido como el «hombre dueño del cielo» y posiblemente fue el mejor piloto acrobático en la época pionera de la aviación. ¡Disfrutaba ejecutando el rizo y volando invertido en traje de calle!

EXAMEN DE VUELO

PUNTUACIÓN
Anótate un punto por cada respuesta correcta. Después, suma los puntos y comprueba el resultado.

Ponte en el asiento del piloto una vez más y pasa este examen de vuelo en el aire. ¡Si dudas, podrás encontrar las respuestas en el libro!

1 Has hecho todas las comprobaciones y estás situado en la pista. ¿Cómo aumentarás la potencia para el despegue?

a) empujando el mando de gases hacia delante
b) tirando del volante de control
c) soplando muy fuerte

2 Durante el vuelo, el motor te empuja hacia delante. ¿Qué fuerza se opone a tu avance?

a) un escudo electromagnético
b) un fuerte viento de frente
c) la resistencia aerodinámica

3 Estas volando y quieres virar. ¿Qué debes hacer antes de cambiar de dirección?

a) gritar «¡cuidado!»
b) conectar el radar
c) mirar el cielo alrededor cuidadosamente

4 Si quieres volar realmente alto y rápido, ¿cuál es el mejor motor?

a) eléctrico
b) cohete
c) vapor

5 Si necesitas decir «sí» al comunicarte por radio, ¿qué palabras debes usar?

a) roger dodger
b) ok
c) afirmativo

6 Cuando reduces la velocidad, ¿cómo sientes los controles?

a) sueltos y blandos
b) duros como una roca
c) fuera de control

7 Ves venir un avión exactamente en dirección contraria a la tuya. ¿Qué debes hacer?

a) cerrar los ojos y agacharte
b) subir por encima de él
c) virar a la derecha

10

¡Peligro! Tienes un problema con el motor y necesitas ayuda. ¿Qué dices por la radio?

a) ayuda, ayuda, ayuda
b) *mayday, mayday, mayday*
c) *golly, golly, golly*

11

Estás dentro de una nube volando por instrumentos. ¿Cuál de ellos debes controlar más?

a) el altímetro
b) el horizonte artificial
c) el reloj

12

Has aprobado el examen y quieres ir a volar. ¿Cuál de estas cosas no puedes olvidar?

a) un cuenco de cereales
b) un semicírculo graduado
c) una carta aeronáutica

¿Cuál ha sido el resultado?

0–5 ¡Caramba! Vuelve al avión de entrenamiento y empieza de nuevo.

6–9 ¡Bien! Estás en el buen camino para volar solo.

10–12 ¡Sobresaliente! ¿Qué quieres ser: piloto de caza o comandante de un Jumbo?

Respuestas
1a, 2c, 3c, 4b, 5c, 6a, 7c, 8a, 9c, 10b, 11b, 12c

9

Tu instructor te ha mandado hacer tu primer vuelo en solitario. ¿Qué te ha dicho que hagas?

a) despega y haz alguna acrobacia
b) vuela por encima de tu casa
c) da una vuelta al circuito y aterriza

8

Estás haciendo la aproximación final para el aterrizaje. ¿Qué es lo que no debes olvidar?

a) bajar las ruedas
b) levantar los alerones
c) saludar a la gente que mira

CERTIFICADO DE LA ESCUELA DE VUELO

¡FELICIDADES!

Has completado el entrenamiento y obtenido la licencia de piloto privado de la Escuela de Vuelo.
¡Felices aterrizajes!

Firma

Nick Barnard

Piloto jefe de la Escuela de Vuelo

ÍNDICE

NOMBRES DE LOS AVIONES